Fantasmas en PALACIO NACIONAL

y otras historias sobrenaturales

Fantasmas en PALACIO NACIONAL

y otras historias sobrenaturales

Francisco Domínguez de la Rosa
Carlos Alberto Guzmán Rojas
Roberto Contreras Esparza

Grupo Editorial Tomo, S. A. de C. V.
Nicolás San Juan 1043
03100 México, D. F.

1a. edición, septiembre 2005.

© 2005, Grupo Editorial Tomo, S.A. de C.V.
Nicolás San Juan 1043, Col. Del Valle
03100 México, D.F.
Tels. 5575-6615, 5575-8701 y 5575-0186
Fax. 5575-6695
http://www.grupotomo.com.mx
ISBN: 970-775-119-3
Miembro de la Cámara Nacional
de la Industria Editorial No 2961

Diseño de portada: Trilce Romero
Formación tipográfica: Luis Raúl Garibay Díaz
Supervisor de producción: Leonardo Figueroa

Impreso en México - *Printed in Mexico*

Prólogo

Fantasmas, duendes y apariciones son sólo algunas de las múltiples manifestaciones paranormales que el hombre ha reportado a través del tiempo. Sucesos de un mundo aparte que en ocasiones interactúa con el nuestro. Hablar de estos fenómenos entre familiares o amigos, nos espanta, nos maravilla y nos atrae, ya que "esta magia" nos sumerge a un mundo lleno de misterio y posibilidades que se complementan con los relatos cotidianos y experiencias de quienes nos aseguran haber experimentado este tipo de vivencias en ciertos momentos de sus vidas.

Interesarse en ello, nos da la oportunidad de pensar y especular en nuestro gran dilema... ¡la muerte! Y esto nos ofrece la posibilidad —esperanzadora quizá— de una existencia nueva fuera de nuestro conocimiento, de que no todo acaba cuando fallecemos y que desde esa zona, desde un más allá, de algún modo nuestra esencia seguirá "viviendo" y mandándonos señales que en ocasiones no hemos comprendido. Y aunque parezca ilógico, pensar en el *más allá* podría ser un sentimiento, un pensamiento de muchas personas que reflexionan al encontrarse de frente ante estas manifestaciones, o al escuchar sobre estas misteriosas historias y vivencias que se nos presentan con más frecuencia de lo que imaginamos.

Desde ese mundo mágico que interactúa con nosotros, con avisos de otras posibles realidades que salen de las normas establecidas y que se presentan de una forma muy particular a cada uno de nosotros, le hablaremos en este libro, donde encontrará relatos increíbles como *El Fantasma de Palacio Nacional,* el encuentro de una maestra con *¿La Llorona*?, espíritus que avisan de lugares en donde hay dinero, un relato desde la casa de la gran María Conesa, una rara fotografía de una mujer con alas y el relato de la intervención de ángeles para evitar una muerte.

Éstos, y otros interesantes relatos, le revelarán el mundo del que todos hablamos y que está, al parecer, mucho más cerca de nosotros de lo que podemos imaginar.

De esta manera podrá encontrar en este libro parte de ese extraño mundo, desde esa zona espectral una serie de fenómenos rompen nuestra realidad y trastocan nuestra mente de una manera impactante. Historias que esperamos "disfrute". Las interpretaciones, la forma de captar y sentir este tipo de vivencias estarán en usted cuando termine de leer estas raras pero atrayentes experiencias.

Roberto Contreras Esparza

Ángeles... de carne y hueso

La siguiente historia que van a leer, los va a convencer de que algunos seres humanos han tenido la suerte —y el privilegio— de tener a su lado a personas que después, cuando se adelantan en el camino hacia el más allá, se convierten en sus *Ángeles de la Guarda*.

Uno de los testigos de lo acontecido, por allá en el año de 1973, fue Toño. Él, por esos años era un chamaquito, y en la actualidad es una persona de más de treinta años.

Toño me platicó lo siguiente:

"En una ocasión, mi papá se puso de acuerdo con unos de mis tíos para hacer una fiesta en un terreno que habían comprado en lo que actualmente es Ciudad Satélite.

"Por aquellos años en toda esa zona eran subidas y bajadas para donde uno se moviera. Llegamos al punto de reunión y recuerdo que había bastante gente ahí reunida, contando a mis papás, mi hermano, mis tíos y mis primos.

"Recuerdo haber visto bajar a mis primas y otros parientes de uno de los carros. Los mayores comenzaron a traer las cosas que venían en sus cajuelas, como las papitas, los refrescos, los cestos con la comida, etcétera. Todo mundo se estaba moviendo de aquí para allá, en una palabra, todos se encontraban contentos de haberse reunido. Nosotros, todos los chamacos, pues ya sabrás, corriendo de aquí para allá.

"El carro que llevaron mis parientes se quedó estacionado en una pendiente, y en el interior del mismo se encontraba mi prima Rosita dormida en el asiento de atrás, ya que el trayecto hacia Ciudad Satélite le había cansado. (Una aclaración, aunque salga sobrando, Rosita en aquellos años era una niñita de cuatro o cinco años, igual que los demás primos).

"Rosita era la hija menor de mi tío Pepe, y además de ella, estaban tres hermanitas más y un hermano. Ella fue la que menos convivió con mi tío y más adelante te diré por qué.

"Mis tíos y mis papás se encontraban acomodando todo lo que habían llevado para comer, cuando se dieron cuenta que mi prima Rosita despertaba, y se pasaba al asiento de adelante para bajarse. Pero aquí sucede lo inesperado —al momento de brincar hacia el asiento de adelante, ***bota*** el freno de mano ¡y el carro comienza a irse cuesta abajo! Todo mundo comenzó a correr tras el auto, pero la pendiente era demasiado marcada, y a pesar de ser yo un chamaquito, recuerdo con precisión la pronunciada bajada.

"En fin, todo mundo, entre gritos y desesperación, corría pero no lograban darle alcance al auto. Para colmo de males, se aproximaba a una especie de barranco, y llegando a ese sitio, el carro comienza a dar tumbos para todos lados sin que nadie pudiera hacer nada, sólo ver aquella escena tan desesperante.

"Por un momento todo fue ruido y polvo, hasta que por fin el carro paró su loca carrera. Mis tíos y tías corrieron a buscar a Rosita... ¡***pero sólo encontraron el carro destrozado***! Trataron de levantar, entre mi papá y mis tíos, aquel montón de *fierros*, pero en el interior no se veía mi prima. Ya te has de imaginar cómo todo mundo le gritaba a mi prima Rosita, sin tener respuesta alguna.

"En eso, uno de mis tíos se dirigió a aquella hondonada y vio algo ***increíble***, a mi prima Rosita tranquilamente sentada en un montoncito de tierra jugando con unas piedritas, sin mostrar rasguño alguno ni golpes que se notaran en su cuerpecito.

"Él se acercó y le preguntó a Rosita:

—¿No te duele alguna parte del cuerpo?, ¿no estás asustada?

"Y mi prima le dijo a mi tío:

—No me duele nada, estoy bien.

"Para esto, todos se encontraban alrededor de mi prima, sin poder comprender aquel ***milagro***, aquel hecho sin respuesta alguna.

"Entonces mi papá, o uno de mis tíos le preguntó:

—Dinos cómo saliste de todo esto…

Y ella les respondió:

—Es que vino mi papá y me preguntó: ¿***Quieres irte conmigo o quieres quedarte con tus hermanas***?..., y yo quería ir a la fiesta, así que le dije que quería quedarme con mis hermanas…

"Ahora sí, quiero decirte lo siguiente… algo que se había quedado pendiente: Rosita fue la hija a la que menos trató mi tío Pepe, porque exactamente el día que sucedió lo que aquí te platiqué, ¡***se cumplían seis meses que él había fallecido***!

"En la actualidad, mi prima ha de tener unos 30 años y es una feliz madre de dos niños".

Hasta aquí lo platicado por Toño. Lo siguiente es simplemente una reflexión de quien transcribe la historia aquí narrada: En ocasiones hemos tenido a nuestro lado a un ***Ángel de la Guarda*** de "carne y hueso". Cuando estos seres se nos adelantan en el camino del ***más allá***, se convierten en nuestros "protectores", ya que los seres que nos ***aman... nunca nos dejan***.

La buena educación

Resulta que en la calle donde vivo, teníamos una vecina que a todo mundo trataba con mucho afecto. Fue vecina durante muchos años. Por desgracia el tiempo pasa y la vida se complica, sobre todo en lo que respecta a la salud.

La vecina luchó por largo tiempo con una enfermedad en particular, hasta que ésta la venció y le llegó la muerte. Todo mundo la recordamos con cariño —hasta los vigilantes de la cuadra.

Y fue precisamente uno de los *vigilantes* quien me platicó que, a pocos días de su muerte, él se encontraba lavando el carro de uno de los vecinos fuera del que había sido domicilio de aquella gentil vecina.

Platica el vigilante que se encontraba concentrado en su trabajo, cuando de repente escuchó que le llamaban por su nombre:

—***Jorge, Jorge***.

Al respecto nos comenta:

"Me llamó la atención que alguien me hablara a esa hora, porque ya era medio noche. No hice caso y continué haciendo mi trabajo, pero de nuevo me llama alguien —era la voz de una dama— y me dice: ***vigilante, vigilante, buenas noches***.

"Ubiqué de dónde venía la voz y voltee hacia ese lugar, ¡***que era el balcón de la casa donde vivía aquella vecina***! Grande fue mi sorpresa al ver a la vecina parada en el balcón de su casa, vestida de negro y moviendo la mano saludándome. En ese momento, dejé de lavar el carro y corrí hasta la caseta… me metí y ya no salí en toda la noche, hasta la mañana siguiente".

El vigilante añadió a su relato:

"En realidad esa señora fue una gran persona, pero la impresión de verla después de haber muerto… es difícil de soportar".

Así que, querido lector, si en la noche alguien le llama… ***por favor no le niegue el saludo***.

En uno de sus rondines, Jorge escuchó
un saludo nocturno que lo dejó helado.
Cuando volteó a ver quién era, identificó a una
"señora" que hacía algunos días había fallecido.

Desde una de estas casas, una persona recién fallecida llamó a Jorge para desearle "buenas noches".

Los fantasmas de Erika

Los relatos que a continuación vamos a transcribir son las experiencias que le ocurrieron a una peculiar maestra rural, cuyas enseñanzas se han dirigido a los niños que viven entre la región de las montañas de Puebla y Oaxaca.

El nombre real de la maestra que gentilmente nos hizo partícipe de sus extraordinarias experiencias es Erika, así que vayan estas breves líneas para expresarle nuestro agradecimiento y admiración por su noble y ardua labor de enseñar a una gran parte de los niños mexicanos que viven en las comunidades distantes a las grandes urbes; así es que, Erika, nuevamente muchas gracias por compartir tus experiencias con nosotros.

Erika, además de sus virtudes como ser humano, tiene el don de ser muy sensible a la percepción de hechos sobrenaturales; ella escapa a las leyes que la ciencia ortodoxa ha fijado como límite a nuestras capacidades para ver, escuchar y sentir. En ocasiones, ella vive en otras dimensiones o universos cerrados a los ojos que sólo logran percibir las acciones materiales de este mundo. Hay uno o varios mundos invisibles que sólo ciertas personas pueden percibir… y éste es el caso de Erika.

Los fantasmas y seres "aparicionales" que Erika ha visto, muchas veces han sido reales, pues en ocasiones no sólo ella es quien los ha visto, sino también las personas que la acompañan. Sin embargo, un hecho es definitivo: Erika es el receptor y/o transmisor de estos encuentros, ya que las otras personas no han tenido —o no habían tenido— estas experiencias hasta que conocieron o convivieron con ella.

Pasemos ahora a las extraordinarias experiencias de Erika; ella nos relata:

"No sólo he tenido experiencias con duendes, sino también con personas muertas de familiares y de gente que yo nunca conocí. Cuando estaba trabajando en Huehuetlán, me puse muy enferma (no nos contó cuál fue su enfermedad y respetamos esta situación), pero despierta, y en una esquina del cuarto donde dormía claramente vi cómo se fue formando un sillón, antiguo, tipo mecedora, y allí vi a un anciano de ojos azules con una pipa. Él me dijo:

—Tú no te puedes morir porque yo te voy a entregar algo muy grande.

"Observé cómo me desprendía de mi cuerpo y él me llevaba a la puerta. Me dijo que me iba a entregar un secreto y a explicarme qué era. Empecé a ver ollas, cajas y barriles que tenían monedas de oro, las que desconozco de dónde eran, pero brillaban mucho; monedas de plata, joyas y vestidos muy especiales en un baúl. Me dijo que todo eso me lo tenía que entregar y que era para mí.

"Lo extraño es que no me alivié con ninguna medicina, sino que ese hombre y otro, al que siempre desde que recuerdo y que ha estado en mis sueños, me curaron. El segundo hombre viste una túnica blanca, tiene barba y es ya mayor de edad por el físico que representa. En ocasiones también veo a la muerte, y no sólo huesuda, sino con un poco de carne.

"En una ocasión, al platicar con la dueña de la casa —porque yo rentaba un cuarto en una casa grande—, me llevó a un lugar donde había muchos cuadros y me enseñó uno, preguntándome acerca del hombre que vi en la especie de sueño que tuve. Efectivamente se trataba de la misma persona. La señora insistió en si estaba yo segura, a lo que respondí que sí; entonces me dijo que ese cuadro era de su tatarabuelo, y que inclusive había sido fundador de Huehuetlán. En aquella época él era el hombre más rico de ese lugar. La casa era enorme y al paso del tiempo se vio drásticamente reducida. La señora con quien vivía me contó que cuando fueron a poner el registro del agua, los albañiles sentían tanto miedo que preferían irse de ese lugar en vez de pasar por ahí, ya que el muerto 'les jalaba los pies'.

"En las experiencias que he tenido, los hombres a los que veo —y que ciertas personas dicen que son mis maestros— me introducen a un cuarto en la noche para dormir ahí, pero sin explicación alguna amanecía fuera de éste. Podía ver que, exactamente en donde estaba la caja de registro del agua, era donde había más oro. A mí no me interesó sacarlo.

"La señora de la casa me platicó que una vez cavaron y se oía cuando las monedas caían, pero ella no se explica cómo es que a sus familiares nunca se les presentó para cederles esa fortuna y a mí sí.

"Hay otra experiencia: En la casa de mis suegros, en Coapeche, Veracruz, al llegar una de mis concuñas, se empezaron a escuchar muchos ruidos. Pensé que quizás ella tuviera algo a lo que yo llamo 'sombra'.

"Una vez, platicando con ella, le dije que acababa de ver a dos niños entrar a su casa detrás de sus hijas; fuimos a ver y no había nada. Yo ya le había comentado que había visto dentro de su casa a una señora güera y a esos dos niños.

"Posteriormente me platicó que al llegar la medianoche escuchó sus pisadas, como cuando un niño está descalzo y corre.

"En otra ocasión, estando en su casa, me invitó a tomar café, y como a las 10:00 de la noche vimos un rato la televisión. Después me recosté a esperar a mi marido, tomé agua y sentí cómo pasó a mi lado un armadillo dorado".

Los tesoros enterrados

"Alguna gente del pueblo ya había comentado que en ese lugar hay dinero enterrado. Intentaron cavar para sacarlo. En una ocasión algunos miembros de esta familia decidieron cavar donde se decía había oro enterrado, y cuando ya iban a llegar donde estaba el oro, de repente se escuchó cómo las monedas caían más hondo. Yo vi que no fue así, sino que las monedas se movieron alrededor de 4 metros y nunca las encontraron porque desistieron de cavar".

Erika nos comenta que en estos casos, cuando está por sacarse el dinero, tiene que ser una persona que no sea ambiciosa, porque de lo contrario se pierde. Tiempo después ella le indicó a la señora de la casa donde vivía esto. Por lo que respecta al caso del tatarabuelo de la señora, efectivamente se encontró una olla, pero con aserrín. Lo extraordinario es que este aserrín estaba muy fresco.

Volviendo al caso anterior, Erika le comentó a quien dirigía la operación que el dinero se había corrido unos 4 metros. Ellos colocaron aparatos de detección de metales y observaron que, efectivamente, el dinero se había corrido esa distancia. Tuvieron que suspender el trabajo, ya que Erika les aseguró que ese dinero no era para ellos; les comentó que debido a la ambición que tenían, si continuaban cavando, éste se volvería a "correr".

Los "dones" de Erika

Dentro de los "dones" que Erika tiene, también está el de tener posibilidad de curar, lo cual le ha dado mucha popularidad entre los pobladores de Coapeche.

Al preguntarle cómo cura, explica que tiene varias formas de hacerlo, pues cuando está frente a un enfermo, entra en una especie de "trance" y empieza a dictar las cosas que va a necesitar, así que hay que estar muy pendiente de proporcionarle todo para que nada falte, pues si más tarde se le pregunta lo que pidió, ella ya no puede decirlo.

Es tan sensible, que con sólo el tacto de sus manos puede indicar al paciente lo que le puede ocurrir, pues ella lo ve en su mente. Si está platicando con alguien puede llegarse a ir a otro lugar... o bien, si siente que alguien va a morir, le empieza a doler el pecho. Dentro de las percepciones que tiene, está la de escuchar a los tecolotes cuando la muerte de alguien se le aproxima (aunque no haya cerca tecolotes).

El famoso espectro de La Llorona

En otra de sus espeluznantes experiencias nos cuenta que ella logró ver el famoso espectro de *La Llorona*.

Un sábado por la tarde fue a visitar a la madre de su concuña, ambas estuvieron platicando en el patio trasero de la casa y pidió pasar al baño —que estaba situado atrás de la casa (en los pueblos lejanos, el sanitario se encuentra en los patios posteriores de las casas). Al levantarse y caminar unos cuantos pasos para dirigirse a él, alcanzó a ver a unos 10 ó 15 metros de distancia a una mujer totalmente vestida de blanco. No obstante, le fue imposible ver su rostro. También nos describió con gran exactitud que su cabello era dorado y brillaba con gran intensidad, que era muy largo y estaba bastante maltratado.

En otra ocasión, en un poblado de nombre González Ortega, trabajaba con otra chica (también maestra rural). Vivían al final del pueblo, en la última casa. Al fondo de esta casa había un panteón. Cada determinado número de días quemaban la basura en el patio trasero, junto a un árbol. Uno de estos días, como las 10:30 de la noche se puso a quemar la basura. En esos momentos sintió mucho frío y vio cómo una mujer vestida de blanco iba bajando por la vereda. Pensó que era una viejita que tenía problemas mentales, vecina del lugar y que constantemente se salía de su casa, con una bata blanca. Cada vez que se salía, había que llevarla de regreso a su casa, que estaba en el centro del poblado.

Sin embargo, lo que ella creyó que era la ancianita cambió completamente para ella al estar a una distancia de unos cuantos metros, esa figura pasó flotando y observó que no tenía pies.... volteó hacia ella y su sorpresa fue enorme al ver que su cara era como de un caballo. Soltó un alarido y en ese momento quedó pasmada por la "visión", petrificándose y sin poder reaccionar. En esos momentos su compañera se percató que se había tardado y salió a buscarla, encontrándola con la mirada pérdida hasta que, después de varios minutos, logró que volviera en sí.

Erika siguió contando sus experiencias —que son muchas—, sin embargo, para efectos de su presentación, terminamos en este trabajo una primera parte. Seguramente volveremos a referirnos a ella en un próximo libro.

Una conclusión a las experiencias de Erika

Lo que a Erika le sucede es –desde luego– poco común. La explicación de este fenómeno no es posible indicarlo desde un solo ángulo. Autores como Fritz Leingber han expresado que los fantasmas de los muertos obedecen a la hipótesis de que ciertas personas encarnan en el pensamiento de los difuntos y explica: "un espíritu individual puede continuar pensando en su existencia terrenal... y así influir en la mente de otro ser vivo por medio de la telepatía"; de esta manera provocan la visión de una imagen "aparicional".

Esto desde luego no está probado, pero hay que tomar en cuenta que los fantasmas tienen un origen distinto, éstos pueden ser los fantasmas de los difuntos, los fantasmas de los seres vivos, es decir, hay personas que con su poder mental pueden crear una de estas apariciones. Otra de ellas es la de los fantasmas de los seres agonizantes.

Pero estamos en este pleno siglo XXI, donde por desgracia todavía no tenemos explicación alguna para dar una correcta interpretación a toda esta serie de acontecimientos extraordinarios donde el espacio y tiempo es ocupado por seres fantasmales semisólidos, o incluso, "materiales". No creemos en lo particular que toda esta serie de "cuerpos espirituales" o "etéreos" sean sólo producto de la mente humana, ya que en muchas ocasiones estas apariciones son capaces de apagar las luces, mover objetos, tocar a los "vivos" o dar consejos de situaciones que están por acontecer.

Hay una mujer... ¿con alas?

La fuerza de una vocación

No cabe duda que todos, en cierto momento, sentimos e intuimos una innegable forma de intromisión extraordinaria que interfiere en nuestras vidas, y cuando esto sucede en momentos difíciles —más frecuente de lo que imaginamos—, nos llega la razón y la claridad para tomar importantes decisiones personales.

Los avisos suelen venir en muchas formas: algunos muy claros y otros complicados, difíciles de entender; pero la vida o el destino, nos habla y nos dice cómo proceder. Esos avisos, que muchos llamamos coincidencias, nos marcan y son decisivos en el futuro de nuestras vidas.

Algo parecido ocurrió en este relato: Una historia de amor, obstaculizada por una vocación que fue más fuerte que los sentimientos, provocando la resignación al camino que les marcó en ese momento su destino. Y tal vez alguien más…

El siguiente caso tuvo lugar en la colonia Santa Fe, del Distrito Federal, Delegación Álvaro Obregón, en donde hace ya algún tiempo una pareja de jóvenes recibió "de cierta forma", lo que para ellos se convirtió en un misterioso aviso, un mensaje que cambió el rumbo de sus vidas. La evidencia principal, una rara e interesante fotografía, con la fuerza suficiente para mover el destino de sus protagonistas. La historia es la siguiente…

El inicio del suceso

Recientemente conocí a la señora Lourdes Sánchez Garduño, quien se dedica a tratar males del tipo negro y a otras actividades de nigromante. Ella me relató un suceso que le había ocurrido y el cual le había llamado la atención por la forma tan rara en que se le había presentado.

Según me contó esta señora, fue a visitarla un joven que decía llamarse Jorge Ríos Torres; él necesitaba de sus servicios, ya que se encontraba en un dilema de tipo amoroso, pues la mujer que amaba tenía en mente otro camino en donde no estaba él. Le pidió, le suplicó, que le ayudara a conseguir el cariño de su amada, pues ella quería ser religiosa y se enclaustraría pronto si él no hacía algo para detenerla.

Según contaba Jorge, su novia —de nombre Luz María Navarrete Montoya—, le había comunicado su deseo de convertirse en religiosa, ya que a pesar del cariño que sentía por él, sabía que era más fuerte el amor por Dios, por lo cual pronto tomaría esa decisión.

No podía resignarse

Después de tantas súplicas, y al ver la señora Lourdes (quien gozaba de buena fama como hechicera) el estado anímico del muchacho, decidió ayudarle a tratar de conseguirle el amor de su novia, para lo cual le pidió su nombre, algunos accesorios personales y otros datos que necesitaba para el conjuro, pero también requería una fotografía.

Dos días después llegó Jorge a la casa de Doña Lourdes, llevaba las cosas que le había pedido y la fotografía, en donde se apreciaba él abrazándose con su amada. Dejó las cosas y después de varias instrucciones a seguir, de acuerdo al susodicho hechizo, Jorge salió de la casa de la curandera.

Comienza el misterio

Ya con las cosas en su poder, Doña Lourdes comenzaría el ritual al día siguiente, pensando que esos trabajos de amores eran muy difíciles y que trataría de hacer lo que pudiera para ayudar al triste muchacho.

Guardó las cosas de Jorge y puso la fotografía en su altar, lugar donde estaban presentes imágenes que marcaban un sincretismo esotérico de fuerte impacto para el pagano. Pero lo raro inicia aquí, porque al día siguiente, cuando Doña Lourdes fue por la fotografía a su altar e iniciar el hechizo, se dio cuenta que la foto estaba poniéndose blanca, cambiaba de color y pensó que se debía al mismo revelado o a la calidad de la fotografía.

Ya de noche, con la foto en la mano, vio cómo se formaba otra mancha blanca del lado izquierdo junto a la muchacha, pero parecían unas *alas*. Notó también que la foto estaba ligeramente caliente y esa mancha se hacía más definida. Doña Lulú, con ese instinto sobrenatural que tanto presumía, percibió una extraña sensación, alguien o algo estaba en ese momento ahí. Por instinto, dejó la foto en el altar y se fue a dormir. Consultando con su almohada estuvo pensando sobre ese raro suceso y así se quedó dormida.

La conclusión y el toque de... ¿Dios?

Al día siguiente se presentó Jorge para ver los resultados y saber el estado de su caso, y fue cuando Doña Lourdes le platicó lo sucedido:

"Mira mijo, yo no sé qué esté pasando entre tu novia y tú, pero hay cosas más fuertes que los trabajos negros, más fuertes que los hechizos... y el amor es una de esas cosas. Creo que el destino de tu novia es el de ser religiosa, y ni tú ni yo podemos evitarlo, pues así está marcado, tal vez por Dios, nuestro Padre Santísimo".

La señora le mostró la fotografía a Jorge y le platicó lo sucedido esa rara noche, asegurándole que a la muchacha le habían salido *alas*, lo que era un claro aviso de su vocación por lo religioso, y que en eso ella no se metía, porque le podría pasar algo malo, ya que no estaba tomando en cuenta las señales de Dios. Jorge la miró con un aire de duda, pues no entendía lo que le platicaban, él quería el amor de su novia.

Pero después de hablar por un buen rato, tomó sus cosas y se alejó de Doña Lourdes, maldiciendo e insultando a la curandera, ya que no le creía lo que le había platicado, argumentando que ella le había hecho algo a la foto.

Tiempo después averiguamos que Jorge se tuvo que resignar a perder a su novia, pues su vocación era mayor. Este caso dejó a Doña Lourdes una gran y extraña experiencia, y nosotros logramos conocer este singular caso de la *mujer con alas*, aceptando tal vez que esos avisos (esta vez en una fotografía) de la vida, el destino y hasta del azar, son más frecuentes de lo que nos imaginamos y sólo nos falta poder interpretarlos. No obstante, cuando suceden... marcan nuestras vidas de una forma impactante.

Cuando Doña Lourdes fue por esta fotografía a su altar, vio cómo se formaba una mancha blanca del lado izquierdo de la muchacha.

Fotografía tratada con filtros de
computadora: negativo y realce.

Mensajes luminosos

El siguiente caso que vamos a relatar le ocurrió a unos familiares directos de uno de los autores de este documento. Los seres que parten al *Más Allá*, en muchas ocasiones nos envían señales de que ellos están bien, y que la Vida continúa. Éste es el caso de Agustín, quien meses después de habérsele detectado cáncer y luego de haber partido, aún envía Mensajes Luminosos a su esposa.

Agustín y Susana habían formado una pareja sólida y compartían la mayoría de sus actividades juntos: Agustín, un respetado y reconocido médico, que ejercía en el Estado de México, y Susana, su compañera y asistente médico. Desafortunadamente, esa vida llena de alegría y de proyectos, se vio obstaculizada por la enfermedad, al ser detectada en etapa terminal.

Debido a que la medicina ortodoxa ya no podría hacer nada, buscaron ayuda por varios caminos de la Medicina Alternativa, en el Distrito Federal, en el Estado de Morelos, en Jalisco, en el Estado de México, de donde les habían llegado noticias de curas contra el cáncer. Aproximadamente tres meses y medio antes de que Agustín abandonara su *cuerpo material*, conocieron a un matrimonio que predica y pone en práctica desde hace más de un lustro la sabiduría de los Maestros de Luz. Susana nos explica lo siguiente:

"Esta pareja hace hincapié en que ellos sólo son mensajeros de los Maestros de Luz, y como practican lo que de ellos aprenden, todos en su hogar, incluyendo al personal que les ayuda en el trabajo doméstico, son vegetarianos y beben agua especial; por lo tanto en su hogar se respira un ambiente maravilloso de cordialidad y armonía.

"Los Maestros de Luz son al igual que nosotros hijos del mismo Padre Creador, y nos quieren ayudar a retornar felizmente algún día a Él, pues la humanidad tiende a inclinarse hacia la violencia y la destrucción con su forma de pensar y de actuar. Los Seres de Luz o Maestros de Luz vivían en otro mundo donde reina el Amor Universal, y están amorosa y voluntariamente con nosotros desde hace mucho tiempo. No los podemos ver, pero están aquí, y cada uno de los seres humanos está acompañado por uno de ellos, los conocemos generalmente con el nombre de *ángeles guardianes* y saben que cada ser humano es libre de elegir sus pensamientos y actitudes.

"Los Maestros de Luz se han hecho visibles en muchas partes del mundo desde hace miles de años, en Egipto, Perú y en México, sobre todo en la Zona Maya de la época Prehispánica, donde compartieron su sabiduría; en la actualidad se siguen manifestando en muchas partes del mundo.

"Están con nosotros para mostrarnos el camino de la Luz, para encaminarnos hacia el Amor, y poder rescatar nuestro planeta de la violencia y la destrucción. Nos ayudan a recuperar la salud y ellos piden que todos los seres humanos respetemos la Vida de los seres que habitan el Planeta Tierra.

"La humanidad está atacando con diferentes tipos de contaminantes su propia casa, que es el planeta donde vive, produciendo mucho desequilibrio ecológico. Además, estamos terminando con los recursos naturales del planeta. Por ejemplo, los Seres de Luz consideran al petróleo la sangre del planeta y los humanos nos lo estamos acabando, por eso están ocurriendo últimamente tantas catástrofes, ya que el planeta se está quedando sin su líquido vital, provocando maremotos, terremotos, actividad volcánica y cambios bruscos de temperatura en diferentes regiones del mundo, afectando su equilibrio natural.

"Después de conocer Agustín y yo el mensaje amoroso de los Maestros de Luz, nos hicimos más conscientes de su presencia entre nosotros.

"Ellos piden a la humanidad entera que respetemos la vida y dejemos de matar todo tipo de animales, también nos piden dejar de comer carne; que controlemos nuestras emociones como la tristeza, la ira, el miedo, el resentimiento y actuemos con Amor Universal; que la humanidad evite el consumo de alcohol y de drogas; que meditemos todas las noches y que, como señal de que estamos de acuerdo con esto que nos piden, coloquemos un altar, ya sea con o sin una imagen religiosa, formando un triángulo equilátero de luz con tres veladoras blancas (se sugiere que sean ecológicas, para no producir humo), poniendo detrás de cada veladora blanca un florero blanco o transparente y por lo menos tres flores blancas en cada florero; acomodando una punta del triángulo hacia el frente y las otras dos puntas hacia atrás, como una pirámide en posición horizontal; es decir, colocando si se desea una imagen religiosa entre las dos veladoras que están hacia atrás.

"Si se deseara colocar una imagen religiosa, procurar poner a Cristo Resucitado, Nuestro Gran

Maestro Jesús, luminoso, vencedor, no crucificado. Además, nos piden poner una jarra, garrafón o botella con agua natural en la parte interna del triángulo, dejándola allí por lo menos tres horas antes de beberla, de esta manera el agua se carga de energía.

"Esta agua es curativa, fortalece y ayuda a estabilizar y equilibrar al ser humano que la bebe, haciéndolo más consciente del medio ambiente y de la omnipresencia de nuestro amoroso Padre Creador. Hay que procurar que las veladoras del Altar permanezcan siempre prendidas, para esto se recomiendan las veladoras ecológicas semanarias, a las que hay que reemplazar cuando se vayan a terminar. El ángulo de la parte frontal del triángulo representa al Padre y a la Mente; el ángulo de la parte derecha representa al Hijo y al Amor; y el de la parte izquierda representa a la Madre y a la Vida".

Los mensajeros de luz

Los Mensajeros de los Maestros de Luz, la pareja que conocieron Agustín y Susana, accedieron gustosos a visitarlos frecuentemente, sin interés en remuneración económica, debido a que actúan con verdadero Amor y un hermano necesitaba ayuda con extrema urgencia.

En este punto es cuando Susana comienza a vivir una serie de experiencias únicas. Quizá usted, amigo lector, determine que lo siguiente que le vamos a narrar lo haya escuchado ya alguna vez, o incluso lo haya vivido. Los hechos paranormales o sobrenaturales, si es que así podemos denominarlos, van a suceder a partir de este momento en la vida de Susana.

"Cuando mis amigos, los mensajeros de los Maestros de Luz, estaban pasando energía con las manos a Agustín, con el fin de que se sintiera mejor y recuperara la salud, yo vi una esferita azul brillante, como del color de las estrellas, que entraba a su cuerpo, por el lado derecho de su cadera. Más tarde ellos me explicaron que los Maestros de Luz así se manifiestan, en forma de esferas de luz".

Hay que recordar, amigo lector, que el mundo espiritual es fuente de energía, es por eso que nuestra vida es energía, derivada de un origen espiritual.

Susana continúa con su relato: "... En otra ocasión, un día antes de que Agustín 'cambiara de forma' —como él solía decir al hecho de abandonar definitivamente el *cuerpo material*, pues no es muerte, sino un cambio de forma— él me decía que veía a otra persona igualita a mí, que cuál era yo y cuál era ella, nos confundía y decía que ella era más exigente que yo. Por la tarde preguntó por el nombre del bebé de 'la señora que está afuera de la recámara', pero no había nadie, después pensé que quizá se refería a la Virgen María, ya que allí hay una imagen de María Auxiliadora. Posteriormente, me preguntó que cuánta gente había en la recámara, a lo que respondí que únicamente él y yo, y me dijo que había mucha gente, y que eran Seres de Luz y también me dijo, 'son muy exigentes'.

"Él quería que yo me quedara a su lado y que no lo dejara, así lo hice. Permanecimos tomados de las manos, su temperatura ya estaba demasiado baja, sólo me separaba de él para traerle agua o jugo natural, ya que no quería comer y yo no sentía hambre.

"No se podía levantar del sillón y me pidió que 'le ayudara a cruzar el río'. Le pedí que se acostara a descansar un rato, se apoyó en mí, logró ponerse de pie, nos quedamos abrazados un buen rato, se medio recostó en la cama... en ese momento vio algo en la parte superior derecha de la recámara, me preguntó 'qué es eso', expresándome con su rostro que era algo bello, lo cual yo no podía ver..."

Amigo lector, hay muchos relatos de personas que están viviendo una transformación, es decir, están pasando de este mundo material a uno inmaterial. Han contado —desde luego aquellos que han regresado, es decir que no han muerto— que ese mundo inmaterial o mundo de los espíritus es parecido al de la Tierra, pero mucho más hermoso. Agustín ya había vivido esta experiencia hace muchos años.

Los momentos difíciles

Susana continúa: "... Para ese momento ya le costaba mucho trabajo respirar, veía fijamente hacia ese punto y sus ojos quedaron en blanco. Le empecé a dar masaje en un punto de acupuntura debajo de la nariz, con la intención de reanimarlo, sentí que me pedía que ya no lo regresara, pues su cuerpo material ya estaba colapsado, que lo dejara ir. Yo estaba rezando en voz alta casi sin aliento el Padre Nuestro, lo abracé y seguí rezando... le pedí a nuestro Padre Creador que lo recibiera a su lado.

"Agustín nunca renegó de la enfermedad que padecía. Antes de haber escuchado hablar sobre los Maestros de Luz y de su mensaje, él sabía que nadie es eterno físicamente, pero que la vida espiritual continuaría, y no tenía miedo al *cambio de forma*. Siempre estuvo preparado, y me preparó a mí también para aceptar ese acontecimiento. Siempre estuvo en contacto con nuestro Padre Creador, él amaba la Vida y la disfrutaba plenamente. Todo lo que hacía lo hacía con mucho amor, antes y después de enfermar, a tal grado que llegó a aceptar su enfermedad, entregándose con plena confianza en las manos de Dios, nuestro Padre Creador, dispuesto a sanar o a emprender el *Gran viaje*.

"Vimos muy claramente la presencia del Amor de Dios con nosotros a cada momento; tres días antes de emprender el *Gran viaje*, un sacerdote amigo nuestro voluntariamente pidió a mis padres que lo llevaran a saludarlo, platicaron un rato y le brindó los Sagrados Sacramentos para prepararlo. Fue algo maravilloso, porque nosotros deseábamos su visita.

"Cuando Agustín abandonó este mundo material yo me encontraba tranquila, no me sentí en shock, parecía que él estaba dormido, y que en cualquier momento despertaría, yo sentía mucha paz, y además me sentía acompañada, sabiendo que allí había muchos Seres de Luz. No lloré, recordando que él pedía que no lloráramos cuando alguien partía, él decía a sus pacientes que estaban en proceso de duelo: 'En vez de llorar, orar'; y les decía también: 'Dedícale una sonrisa y una oración'. Me puse a cantar al Espíritu Santo y así pasó media hora. Yo continuaba orando por él y abrazándolo, deseando que se elevara hacia la Luz de nuestro Padre Creador. No avisé a nadie de inmediato, yo quise estar a solas con él un tiempo más, sin distracciones, orando.

"Media hora después empecé a llamar, primero a mis padres, pues no sabía qué era necesario hacer, era de madrugada. Ellos me indicaron que lo acostara, que le colocara las manos juntas. Les pedí que avisaran a sus hermanos. Fueron llegando familiares y amigos como hora y media después. Ahí empezó todo el movimiento, yo continuaba tranquila, hasta que llegaron otros familiares, a quienes les extrañó mucho que no me veían llorar. Me pidieron que lo hiciera, ya no por él, sino por mí, pero yo estaba tranquila por habérselo entregado a nuestro Padre Creador en paz.

"Semanas antes de su partida él me dijo que se comunicaría conmigo, que yo recibiría un saludo o mensaje de él y que vendría a visitarme, yo le dije que tal vez me daría miedo, recordando que en mi educación primaria me habían enseñado que San Juan Bosco había dicho que no se hicieran esa clase de pactos, porque a él se le apareció un amigo con el que había pactado, y a consecuencia de la aparición resultó diabético. Le dije que si se comunicaba conmigo, lo hiciera de alguna manera que yo no sintiera miedo".

Comunicándose

"De todas formas, Agustín me dijo que él vendría a visitarme. Creo que así ha sido. Veinte días después de que había partido, recibí saludos de él, era Martes Santo, para entonces, yo había puesto ya dos altares con el triángulo de luz, uno en nuestra casa y otro en casa de mis padres, en la Ciudad de México.

"Ese día por la noche vi afuera de nuestra recámara mucha luz, en el área donde está el altar, me senté porque ya estaba acostada y vi que sin sonar, se encendió la luz de mi teléfono celular, que tenía como a metro y medio de distancia. No me dio miedo, sentí mucho gusto y emoción porque sabía que era una señal de mi amado.

"Al siguiente día, desperté con una sensación de que él estaba preocupado por la salud de sus padres, que me comunicara con ellos. Así lo hice y efectivamente, mi suegra estaba muy delicada de las vías respiratorias y la llevamos al neumólogo. El Jueves Santo, como a la 1:30 de la madrugada, yo estaba aún de pie en nuestra casa, la única luz eléctrica encendida era la de la recámara, pero la casa se veía muy iluminada con las veladoras del altar y vi sobre la ventana que estaba cerca del altar un símbolo muy especial, formado por líneas delgadas pero luminosas: era la proyección del contorno de dos pirámides entrelazadas, una hacia arriba y otra hacia abajo, sin la base piramidal, formando un rombo y dentro de éste una cruz simétrica. En ese momento sentía mucho calor en todo el cuerpo, especialmente en la espalda, me sentía contenta sabiendo que era otro mensaje de mi amado, luego me fui a dormir. Esta proyección la seguí viendo durante muchas noches, hasta que desapareció unas semanas antes de cambiarme de casa.

"Cuarenta y cinco días después de que él abandonó su cuerpo material, y estando yo de visita en casa de mis padres, por la noche se prendió nuevamente el celular que tenía ya más de 5 minutos conectado cargando energía. Yo ya me había acostado, la luz estaba apagada, la puerta del cuarto entreabierta, ya me iba a dormir y noté que había mucha luz en el pasillo, donde está el altar, aunque las luces estaban apagadas, me senté para observar y escuché un sonido como cuando destapamos una botella cerrada al alto vacío, la puerta se abrió un poco más, y por alguna razón seguí con la mirada el trayecto desde la puerta hasta el otro extremo de la habitación, donde estaba el teléfono celular y en ese momento se encendió la luz del celular, nuevamente y sin sonar. No sentí miedo, pero sí muchísima emoción sabiendo que me estaba saludando nuevamente. Ese día escuché mentalmente que él me decía ¡Gracias!".

Hago un paréntesis aquí, amable lector, porque una explicación a este hecho es exactamente este tipo de situaciones del *Más Allá*, cuando nos preguntamos cómo es posible que esos espíritus se comunican con nosotros; hay varias hipótesis al respecto, al aceptar que la vida en la tierra no concluye.

Susana continúa con su experiencia: "Casi seis meses después del *cambio de forma* de mi amado, mi amiga Mensajera de los Maestros de Luz, me llamó para comentarme que se le había manifestado Agustín, tal y como lo había visto en su conferencia a la que asistimos: de traje azul marino, corbata y muy bien marcados sus rasgos. Él le pidió que me pasara el mensaje de que está bien, que me quiere mucho, que está tomando clases con los Maestros de Luz y que son muy exigentes, pero está muy contento, tranquilo, feliz y está comprendiendo muchas cosas. Que todo está bien y que yo estuviera tranquila. Que nos encontraremos en el tiempo de los tiempos, cuando los tiempos se realicen. Que vivamos nuestro presente, ser lo mejor posible en nuestro diario actuar. Que en su dimensión el tiempo es eterno. Que mientras yo sea terrena lo disfrute. Que cada vez que lo recuerde no llore, que rece un Padre Nuestro y diga: 'En este momento me acuerdo de ti'.

"Yo he tratado de no llorar, pero hay veces que es menos fácil. También yo misma he recibido mentalmente algunos mensajes cortos de él cuando estoy durmiendo. Una vez sentí que me dijo: 'Craso error querer ser humano', creo que significa que nosotros nos aferramos a querer ser terrenos, y no querer el cambio hacia la espiritualidad. Quizá lo mejor es estar en el estado en que ahora él está".

Los mensajes continúan

"En el cumpleaños de una sobrinita, al que acudí siete meses después del Cambio de Forma de mi amado, tomé una fotografía con cámara digital de ella con su abuelito y al mirar la foto, mi sobrina comentó: '¡Se parece mucho a Agustín!' —era verdad

— y ella continuó diciendo que esto es porque como ya es espíritu, puede estar con nosotros, manifestándose de varias maneras. Al preguntarle quién le dijo eso, respondió que ella lo había pensado, todos nos quedamos sorprendidos de esa respuesta en una niña menor de diez años de edad.

"En otra ocasión, un domingo casi al amanecer, recibí otro mensaje de él: 'Prepárate para el combate pacífico'. Digo que él me dijo esto porque escuché su voz mentalmente, mientras yo dormía. No lo soñé, escuché su voz claramente.

"La palabra que más me ha impactado de las que he recibido mentalmente de él es TEOSOPLENIA, la recibí durante mi tiempo de sueño, no estaba soñando, la escuché mientras dormía, era claramente su tono de voz. A él en vida le gustaba formar palabras compuestas recordando seguramente sus clases de Etimología grecolatina. Entiendo con esta palabra que me dice que está en la Sabiduría Plena de Dios, y esta palabra me da mucha Luz y Paz. Este mensaje me llegó nueve meses después de haber emprendido su Gran viaje, y la esencia de este mensaje coincide con el que le dio a mi amiga, la Mensajera de los Maestros de Luz.

"Recuerdo que mi amiga me dijo que ella le preguntó por qué hasta entonces se presentó y no antes —ya habían pasado seis meses desde su *cambio de forma*— él respondió que todavía no le había sido permitido. De esta forma se puede confirmar que la vida continúa, porque la energía abandona el cuerpo material, pero la vida continúa en otro lugar y con nuevos aprendizajes".

Mensajes de amor

Susana termina su relato con las enseñanzas de los Maestros de Luz: "Ellos nos invitan a estar en la línea del Amor, que abandonemos la violencia, el egoísmo, y que dejemos de agredir a nuestros pequeños hermanos, los animalitos, que son como niños menores de 3 años de edad, pequeños e inocentes y no se pueden defender.

"Nos indican que controlemos nuestras emociones y que nos concentremos en hacer el bien y no aceptar lo que destruye. Amarnos, no destruirnos, y no destruir lo que nos rodea. Ser tan sólo vida, para que cuando llegue el momento de nuestro *cambio de forma*, estemos preparados y serenos. Que ya no alimentemos nuestros cuerpos materiales ni nuestra mente de muerte, sino de vida.

"Ellos dicen que será en el año 2012 en que la Tierra entre a otra dimensión. No se trata de la destrucción del mundo, es un cambio, y nosotros seremos parte de ese cambio. Dicen que ya es tiempo de que todo conocimiento se unifique en una sola fuerza, y así la Humanidad pueda entrar a un nuevo

Amanecer, ya que actualmente estamos en la noche, en la oscuridad, en el tiempo de Reflexionar y ver que sólo el Amor es el que nos puede guiar y dar vida.

"Algo importantísimo que quiero que sepan es que cuando una persona está cuidando a un enfermo, se desgasta muchísimo y más si tiene poca gente colaborando a su lado. A mí me ha ayudado mucho el haber conocido el mensaje de los Maestros de Luz y tomar agua energetizada del Altar, ya que al haber estado atendiendo a mi esposo enfermo, me sentí con fuerza y equilibrio emocional y deseo manifestar que esta agua me está curando en muchos aspectos.

"Dos meses antes de que Agustín *cambiara de forma*, me caí de las escaleras dos veces, en menos de quince días.

"En la primera caída sentí que me había lastimado la cadera, que me había desajustado la columna vertebral y los hombros; esa tarde me dolía todo el cuerpo, después de la caída, casi perforé la punta de uno de mis zapatos con la fricción de los escalones, porque caí hincada e iba bajando la escalera del patio así, pero no pasó a mayores. Por cierto, esa vez iban llegando nuestros amigos, los Mensajeros de los Maestros de Luz, y fueron testigos del accidente. Ella me transmitió energía con las manos, tomé agua del Altar, dormí un poco durante la noche y al siguiente día desperté restaurada, me sentía como nueva.

"El segundo accidente fue en casa de mis suegros. Yo estaba regando las plantas del jardín y por distracción caí hincada sobre una piedra picuda, lastimándome la rótula. Tomé agua del altar y durante la noche, después de mi ejercicio de relajación y de meditación, dormí un rato y desperté perfectamente bien, sin molestias, una vez más como nueva.

"Las enseñanzas que comparten nuestros amigos, los Mensajeros de los Maestros de Luz, fueron recibidas hace aproximadamente 30 años, por una señora en el Estado de Morelos. Ellos conocieron a esta persona por motivos de salud hace más de un lustro, y al seguir al pie de la letra las indicaciones de los Maestros de Luz recuperaron la salud, porque esa fue la voluntad de nuestro Padre Creador, y a base de disciplina y dedicación han logrado también tener comunicación mental con los Maestros de Luz.

"Actualmente ellos realizan ayunos frecuentemente, por períodos de 21 días, tomando únicamente agua del Altar con miel pura de abeja y un poco de limón, practicando mucha meditación y oración, me han comentado que se sienten mucho mejor, claro que para practicar este tipo de ayuno se requiere de mucha preparación.

"En una ocasión hubo una plaga de ratas en la colonia en que ellos viven; los vecinos les preguntaron cómo les había ido con esa plaga, a los que respondieron que no se enteraron de que hubiera habido plaga de ratas en esa zona, ya que a su hogar no entró una sola.

"Agustín y yo fuimos muy afortunados al haber conocido sobre el Mensaje de los Maestros de Luz, porque enriqueció nuestra Mente y Espíritu.

"Dedico este relato como un *Homenaje de Vida* a mi amado Agustín, en su primer aniversario de haber emprendido el *Gran viaje*.

"El Mensaje de los Maestros de Luz es para todo ser humano que quiera recibirlo, sin importar la religión que practique, ya que no se contrapone con ninguna religión. Toda religión es buena, siempre y cuando nos conecte al Amor, a la Luz y a la Vida, es decir, a nuestro origen, nuestro Padre Creador. Que todo esto que he relatado sirva para el Crecimiento Espiritual de quien lo lea".

Estimados lectores, esta historia creo que aquí no termina, seguramente en alguna obra futura podremos saber nuevamente sobre Susana y sus *Mensajes luminosos*.

Los niños no mienten

La siguiente historia aconteció allá por el año de 1934 en un lugar llamado Carlos A. Carrillo, Veracruz, mejor conocido como Ingenio San Cristóbal.

La familia en aquel tiempo vivía en un conjunto de casas que les llamaban cuarterías. Estas viviendas se encontraban en fila, además de que eran todas iguales.

En las casas de aquella época los cuartos o recámaras eran seguidos. Aunque las recámaras tenían puerta hacia el exterior, por lo general, éstas daban a un corredor o pasillo. En el interior, los cuartos se encontraban comunicados unos con otros por medio de un hueco en el muro para marcar la puerta. Simplemente para lograr una cierta privacidad, como puerta se ponía una cobija o unas cortinas para lograr romper la vista entre cuarto y cuarto. En la actualidad, en el interior de la República todavía encontramos casas que en su interior aún tienen estas características. A la descripción dada le encontrarán una explicación... más adelante.

Resulta que uno de los trabajadores del ingenio (al que llamaremos Miguel), sufrió un aparatoso percance: Desgraciadamente el tren que llegaba a ese ingenio ¡lo arrolló, perdiendo esta persona ambas piernas!

En aquellos años no había hospitales por la zona, por lo que las personas accidentadas corrían a curarse a la farmacia del ingenio.

El señor Enrique Molina se dio cuenta de lo sucedido a aquel hombre y se ofreció ayudarle. Llevó al accidentado ***a la farmacia del ingenio***, y de inmediato le dieron atención. Sin embargo, con sus dos piernas amputadas no tenía a dónde ir, pues era un simple jornalero por aquellos rumbos y no era de la región.

Viendo esto, el señor Enrique le hizo mención a la persona accidentada de que no se preocupara, que él le ofrecería un lugar en su casa para que se recuperara, acción que Miguel le agradeció al gentil señor Enrique.

Cuando llegaron al domicilio del señor Enrique, le asignó un cuarto que tenía comunicación con el cuarto de sus nietas (una de 10 años y otra de 8). De esta manera, quedó instalada aquella persona en la casa de don Enrique.

Una noche, las dos niñas se despertaron al escuchar que Miguel se quejaba de una manera preocupante. Las niñas comenzaron a inquietarse, preguntándose: ¿***Qué es lo que pasa***? Entre más tiempo transcurría, los gritos de aquella persona eran más lastimosos.

Las niñas no sabían qué hacer... se levantaron de la cama, pero tenían miedo de ir a ver de qué se trataba... Pero como los lamentos de dolor eran cada vez más fuertes, se armaron de valor y, poco a poco, se fueron acercando a la puerta... les temblaba su cuerpecito, y ninguna tomaba la iniciativa de correr la cortina de su cuarto para ver qué era lo que le pasaba al señor Miguel. Por fin, con miedo y todo, recorrieron la cortina y vieron algo increíble: ¡***estaban brincando sobre las piernas recién operadas de aquel pobre hombre dos seres de pequeña estatura, COMO DUENDES***! (Recordemos que en el estado de Veracruz, a estos seres se les llaman Chaneques). El hombre les decía que por piedad ya no lo lastimaran, que lo dejaran en paz.

Cuando las hermanas presenciaron esa escena, ¡quedaron impactadas! Una a otra se preguntaban: ¿***Ya viste eso***? En ese momento sintieron que sus pequeños cuerpos se les ponían fríos, así que corrieron a sus camas y —de inmediato— con la sábana se cubrieron por completo.

La imagen de aquellos *Chaneques*, a pesar de que han pasado muchos años, a la señora María de los Ángeles Molina —que ahora tiene 78—, así como a su hermana Hormida Molina —que actualmente tiene 80—, **SIGUE GRABADA TODAVÍA EN SUS MENTES**.

Algunos dicen que todo esto *es producto de la imaginación*… ¿***Usted opina lo mismo***?

¿Quién llegó a saludarles?

La historia que les voy a comentar a continuación, tuvo lugar alrededor del año de 1978.

Un día común y corriente, se sentaron a desayunar en su casa cinco hermanos (dos hombres y tres mujeres). Todo sucedía como con cualquier familia: con las carreras para tomar los alimentos, que bajan unos, pero faltan otros, etcétera.

Por fin, ya estando sentados a la mesa todos los hermanos, comenzaron a tomar sus alimentos y a platicar de todo y de nada. Todos eran tan sólo unos adolescentes, unos *chamacos*.

Una de las hermanas —que en esa época tenía unos 12 años, y a quien llamaré Mary—, ***vio asomarse a un SER por demás extraño***. Sin que los demás supieran lo que observó Mary, fue lo mismo que observaron todos.

Después, al platicarse entre ellos lo que vieron, se dieron cuenta que todos lo habían visto. Sin que nadie se pusiera de acuerdo, lo describieron como ***UN DUENDE***.

Al principio, cada uno de los hermanos creyó haber alucinando, pero cuando platicaron entre ellos lo que cada uno había visto, se espantaron porque entonces sí se dieron cuenta que lo que vieron ¡***fue una realidad***! No obstante, en todos quedó la duda: ¿***Habrá sido cierto lo que vimos***?

Hasta aquí da la sensación de que lo sucedido a aquellos jovencitos fue tan sólo… una psicosis colectiva.

En otra ocasión, la novia de uno de los jóvenes se mostraba nerviosa al estar con Mary, hasta que ésta le preguntó:

—¿Qué te pasa?, te noto nerviosa.

Y ella le contestó a su cuñada:

—Efectivamente, así es… es que resulta que aquí en tu casa ***vi a un ser con un aspecto… muy particular***.

—¿De qué me hablas? —preguntó Mary.

—Te digo que vi... aquí en tu casa, ***a un ser muy distinto a los seres que regularmente vemos*** —contestó la asustada muchacha.

—Dime... ¿cómo era ese "ser"? —preguntó Mary asustada.

Entonces la novia de su hermano, le describe aquel ***ser*** de la siguiente manera:

—No era de mucha estatura... tenía una vestimenta especial y una fisonomía muy peculiar. Te diría que era un... ***DUENDE***.

Al escuchar esto, Mary se quedó de una sola pieza por una razón muy poderosa... lo que acababa de ver la novia de su hermano... ***era justamente lo que ellos habían visto 15 años atrás***.

Como broche de oro a la historia que me platicó, Mary llega a la siguiente conclusión: "Paco, si se hubiera tratado de una alucinación por parte de los que en aquella época éramos unos chamacos, nada más lo hubiéramos visto nosotros, ¡***pero después de quince años que te diga alguien que acaba de ver lo mismo***!, esto te indica que —para susto de todos nosotros—, lo que observamos en aquel desayunador en casa de mis papás... ***FUE UN DUENDE***.

¿Una monja... en Palacio Nacional?

El relato que les presentamos a continuación sucedió cierto día "normal" en pleno centro de la Ciudad de México, y en un inmueble de gran trascendencia para los mexicanos. Fue un momento imprevisto en donde el protagonista, ajeno a estos temas, jamás imaginó captar con su cámara este fenómeno que le hizo vislumbrar y reflexionar sobre un mundo mágico, ese lugar al que llamamos ***más allá***.

A este suceso, como a muchos otros que ocurren esporádicamente, no se le ha podido encontrar una explicación lógica. Pero la evidencia existe en una interesante fotografía obtenida justo en ese momento. Pero, para adentrarlo en los pormenores de dicho incidente, aquí les presentamos algunos datos del lugar del suceso con el propósito de ubicar al lector y darle referencias de tan significativo sitio en donde ocurrió el "imprevisto encuentro".

Fue en el Palacio Nacional

El Palacio Nacional, ubicado en el centro político del país, fue construido por los españoles sobre los cimientos de la gran ciudad de Tenochtitlán, con mano de obra indígena y con un costo que ascendió a 24 mil pesos de aquella época. Fue hogar, primero de Hernán Cortés, y luego del Virrey en turno. El 6 de junio de 1692 fue incendiado parcialmente por una revuelta popular y tuvo que ser remodelado en un lapso que duró 10 años. Este inmueble, considerado monumento nacional, alberga en sus 4 manzanas a 11 edificios y 14 patios en 4 niveles.

El Palacio Nacional ha sido casa de Virreyes, sede de gestas heroicas, recinto de obras artísticas y casa de los presidentes de la República hasta 1934. Actualmente, en su mantenimiento, le han colocado pilotes de 35 metros de profundidad con el propósito de controlar el hundimiento que padece el majestuoso edificio, debido a la zona y a las vibraciones que son transmitidas por el paso de los trenes del Metro (Sistema de Transporte Colectivo).

Entre sus múltiples y famosos eventos podríamos mencionar que ahí tuvo lugar el velorio de Benito Juárez (extrañamente, hay quien asegura que Don Benito Juárez se sigue manifestando esporádicamente en ese recinto). A un costado se creó un extenso jardín, en el que predominó el árbol denominado *de la Manita*, que dio lugar a un dicho muy popular en tiempos del Virreinato: "Si no da el árbol de la Manita, el Virrey moría", y año tras año, desde ahí, se da el grito de nuestra Independencia.

Pero además de toda esa rica historia, de todos esos sucesos que se impregnaron en paredes, pisos y pasillos del citado lugar, en la actualidad este espacio sigue tan importante y activo como antes. Trabajadores y visitantes han sentido toda esa energía acumulada a través de los años, y que por los relatos de gente que ahí trabaja, se presentan de distintas y misteriosas formas, liberándose eventualmente a personas ajenas y sorprendidas por tales acontecimientos. Toda esta historia se convierte en relatos que pasan a ser parte de las innumerables anécdotas y sucesos raros que, aún en estos días, ocurren dentro de este histórico edificio. Y si no lo cree, lea este interesante y extraño relato como uno de muchos ejemplos de lo que ahí acontece...

Inicia el misterioso relato

Todo comenzó cuando el señor Agustín Castro —quien labora en Palacio Nacional desde 1958 y practica la fotografía desde hace más de 20 años—, captó sin proponérselo (y ajeno en ese momento a tales sucesos) con su cámara una extraña imagen junto a una pared debajo de unas escaleras del edificio histórico.

Muchos de los que han visto la fotografía, y han conocido los pormenores de cómo se dio el incidente, aseguran que lo que captó el señor Agustín Castro es un *fantasma*, ya que coincide con ciertos sucesos que se han reportado por los trabajadores de ahí. Además se sabe de otras manifestaciones y en cierta forma es común, o como nos dijeron algunas personas que están al tanto de lo que ahí sucede: "ya era hora de obtener una prueba o fotos de esas entidades, porque aquí se oyen y se ven tantas cosas".

Al platicar con el protagonista, logramos averiguar ciertos pormenores, aspectos importantes de cómo y en qué condiciones fue obtenida esa figura en la fotografía. El señor Castro nos relató lo siguiente:

"A mí me gusta la fotografía y desde hace mucho que la practico; referente a la fotografía que tomé, les puedo decir que no es la única, ya que este tipo de fenómenos o *fantasmas* los he logrado captar en dos ocasiones, pero yo considero que fue casual y por simples circunstancias. Aquí la gente dice que espantan, que suceden cosas raras, pero lo que yo capté fue simplemente casual y en ese momento no estaba pensando en nada de esos temas".

Se celebraba un evento masón

"La foto fue tomada el 15 de enero de 1999, aproximadamente; recuerdo la fecha porque ese día se llevaba a cabo una celebración de los *Masones*, incluso se nota en la foto a varias de estas personas caminando o parados en las escaleras.

"En la fotografía se puede apreciar algo como una silueta, una sombra ligeramente azul que parece ser de una mujer... está flotando y se dirige al muro debajo de las escaleras. Recuerdo bien que era la celebración de los *Masones* porque cada año, el 15 de enero, hacen este tipo de homenaje a Juárez, ya que él, como se sabe, practicaba la masonería.

"Eran como las doce del medio día, y en la imagen o fantasma, podemos ver algo como un tipo de velo que sólo usan las mujeres, por eso creemos que es una religiosa... *una monja.* Pienso que hasta cierto punto es lógico todo esto por cuanto tiene de historia este sitio, por todo lo que ha sucedido en el lugar desde tiempos prehispánicos y que, casualmente, me tocó a mí tomar esta fotografía".

Una de dos fotografías que muestran fantasmas

Interesante y reveladora versión de lo sucedido en Palacio Nacional, sabemos que eventos como éste ocurren con más frecuencia de lo que imaginamos en las calles del Centro Histórico, en el Distrito Federal.

Por fortuna, y de forma fortuita, nuestro protagonista —quien ha practicando la fotografía por muchos años—, logró captar a esos *espíritus* que, aún ahora, se manifiestan deambulando en esa zona; y como nos comenta el señor Agustín, ésta es una de dos fotografías que la *suerte* le ha permitido registrar, pero... ¿será suerte?

Nosotros hemos tenido oportunidad de ver su otra fotografía y es tan impactante que aquí se la presentamos. Además, estamos seguros de que no es el único en obtener este tipo de extrañas evidencias, y creemos que se seguirán registrando como un acervo espectral de lo que acontece en nuestra gran Ciudad de México.

En la fotografía se puede apreciar una sombra
azul flotando hacia el muro bajo las escaleras.

Imagen tratada con filtro
negativo en computadora.

Imagen tratada con filtro
de realce en computadora.

Los abuelos no abandonan

Un amigo —al que llamaremos Miguel—, sabiendo que a mí me gusta escribir historias que están más allá de nuestro entender, y que acontecen en el mundo misterioso de lo increíble, tuvo la confianza de platicarme su experiencia, misma que compartiré con ustedes a continuación.

Así comienza la historia de Miguel, narrada por su protagonista:

"Mis abuelos vivían en la colonia Reforma Ixtlaccíhuatl, en la calle de Playa Revolcadero, aquí en el Distrito Federal.

"Mi abuela quedó viuda y, por cierto, a mi abuelo sólo lo conoció una de mis primas, los demás únicamente por referencias sabíamos de él.

"Estábamos enterados de que él tuvo un carácter muy agradable; era cariñoso y sabíamos que quería y protegía mucho a la familia. Además, era 'vacilador' y, por lo general, todo mundo lo quería mucho.

"Tanto se hablaba de él en la familia, que todos terminamos por quererlo, cosa curiosa, sin haberlo conocido físicamente. Nuestro cariño es tan grande a mi abuelo, que la mayoría de los primos tenemos algún hijo que se llama Luis... como él.

"Bueno, pues transcurría el año de 1983 ó 1984, que era cuando yo cursaba la preparatoria. Era un adolescente, y a esa edad, está uno en la época de las inquietudes, de las supuestas incomprensiones y, para no variar, caigo en la equivocación de la mayoría de los jóvenes, ya sabes, las clásicas contrariedades con los padres de uno.

"Un día tuve una discusión con mi papá, y en medio del enojo le dije que no los necesitaba, que no me entendía. Así que agarré mi bicicleta, y me fui a casa de mi abuela.

"Al llegar a su casa, saqué mis llaves y abrí la puerta. Entré directo a la sala; en esa estancia había ***una chimenea muy bonita de mármol***. Por costumbre, en ese lugar se ponían las llaves, así que de una manera natural, hice lo mismo.

"Después me dirigí al patio a buscar a mi abuela y no se encontraba allí. Fui al piso de arriba, a la recámara de ella para saludarla y tampoco estaba en ese lugar. En pocas palabras, en ese momento no había otra persona más que yo en esa casa. De repente sonó el teléfono y lo contesté, era una de mis tías, que me dijo:

—Y tú, ¿que haces allí?

—Vine a saludar a mi abuela, pero no está —contesté.

—De veras, mi mamá se fue a Cuernavaca a visitar a mi hermano —dijo mi tía.

—Bueno, ya después la saludaré —le dije a mi tía.

"En ese momento me dije, 'regresar con mis papás no es lo correcto, hay que tener un poquito de orgullo'. No sabía bien en ese momento qué hacer, así que decidí ir a rentar unas películas al *Videocentro*, lugar que se encontraba a la vuelta de la casa de mi abuela.

"Ya con esa decisión, bajé a la sala para *tomar las llaves que había dejado encima de la chimenea*. Pues resulta que las llaves no estaban en el lugar donde las había dejado. Las busqué por todos lados; pensé que se habían caído pero nada, no las encontré por ningún lado. Las busqué en mi chamarra, en el pantalón, salí inclusive al patio donde dejé mi bicicleta y tampoco hubo nada… es más, las busqué hasta abajo del piano que se encontraba junto a la *famosa chimenea*. Más o menos, anduve buscando mis llaves como por tres horas.

"En ese momento me di cuenta que el gran problema era que no podía salir sin mis llaves, no se encontraba nadie en casa, así que no había quién me abriera la puerta.

"Me resigné a subir al cuarto a ver la tele y cuando me dirigía por las escaleras hacia él, escuché que alguien pasaba corriendo por la calle. Me iba a asomar, cuando escuché balazos... fueron unas cuatro o cinco detonaciones. Eso me asustó, así que me escondí y ya no quise saber nada de la calle. Me puse a ver la tele y, con el cansancio, me quedé dormido.

"Al día siguiente me levanté, cuando de repente sonó el teléfono. Era mi papá, quien de inmediato me preguntó:

—¿Estás bien?

—¿Por qué? —le contesté.

—Es que ayer unos tipos asaltaron el *Videocentro* que está por casa de tu abuela y hubo balazos.

—Sí, así fue... yo no salí porque no puedo encontrar mis llaves... pensé haberlas dejado en la *chimenea*, pero se me perdieron —respondí.

—Bueno, está bien, voy para allá para llevar mis llaves, cerrar y para que te regreses a la casa.

—Como digas, papá —le dije.

"Me metí a bañar para estar listo cuando llegara mi papá. Al terminar de hacerlo, bajé para encontrarme con él —porque ya había llegado—, y cuando voy bajando las escaleras, volteo hacia ***la famosa chimenea***, y ¡ay caray!... no podía ser... allí estaban ¡***mis llaves***!, ¡***exactamente en el centro de la chimenea***!

"Pasaron unos cuantos días, antes de que fuera a ver a mi abuela para contarle lo que pasó con mis llaves y afuera de su casa. Al escucharme... mi abuela tan sólo me dijo:

—Tu abuelo no permitió que salieras, porque sabía que corrías peligro... Tu abuelo te cuida, porque te quiere.

"No sabes Paco, yo sentí muy bonito cuando me dijo esas cosas de mi abuelo, porque sé que a pesar de que él ya se encuentra en el ***más allá***, nos sigue queriendo y cuidando... que cosa tan hermosa".

Nota: Cuando terminé de escuchar esta bella experiencia que vivió mi amigo Miguel, sólo me quedó decir algo... ***Qué bello tener un abuelo Luis como el de Miguel. Pienso que la mayoría de los abuelos son semejantes***... Ustedes, ¿qué piensan lectores?

El caballero espectro

Las siguientes historias son narradas por una amiga muy querida de nuestra familia: Carmen, la adorable esposa de uno de nuestros mejores amigos.

Ella nos relata que le ha tocado vivir muchas experiencias sobrenaturales, la mayoría de ellas acontecen en su niñez y en la casa de su tía abuela, localizada por el Panteón Español, en la calle de Río Tlacotalpan, casa en la que vivió durante más o menos 15 años... pero dejemos a Carmen contarnos sus experiencias:

"Desde los 6 ó 7 años veía a un hombre en la terraza de esa casa, un hombre muy elegante, alto, con traje o gabardina negra, sombrero de bombín y bastón o paraguas negro, y siempre me llamaba: *pst, pst, pst*.

"Como era muy *peleonera* con mis hermanos, mi abuelita decía que seguramente era el diablo que se aparecía por pelearme con ellos, cosa que yo creía. Cuando realicé la primera comunión mi tía abuela me decía que me fuera a confesar y yo me pasaba 2 ó 3 días a la semana en la iglesia, pero al platicarle al sacerdote, él me aseguraba que era un alma en pena. 'Récenle y todo se arregla, echen agua bendita y manda decir misas en el lugar para que se vaya', decía el clérigo. Así lo hicimos, pero lo seguía viendo.

"Cada vez que lo veía, mi impresión era tan grande que llegaba a privarme... Me espantaba muchísimo, me tenían que pegar para que reaccionara.

"Mi abuelita pensaba que quizás era un ser que trataba de decirme que había dinero en esa casa, pero yo tenía tanto miedo que, cuando ella me dijo que si aparecía ese dinero me iba a dar una parte, yo le respondí que no lo iba a aceptar.

"Eso sucedía entre 4 y 5 veces al año. Toda esta situación continuó hasta que cumplí los 15 años. El señor que se me aparecía era una persona madura —e insisto—, muy elegante y todo vestido de negro.

Se me aparecía siempre entre 6 y 7 de la tarde, cuando empezaba a oscurecer.

"En otra ocasión también una de mis hermanas lo vio, y también se privó. Un primo aseguraba que en el mismo lugar veía a una princesita (niña) vestida de blanco.

"En otro lado de la casa, en la recámara de mi hermano, el mismo señor que se me aparecía a mí le abrió la puerta a él. La descripción de él coincide con la que yo veía. Se le apareció a mi hermano, que en ese entonces tenía 16 años, él se paralizó de la impresión y tuvo una hemorragia. Esto sucedió en la madrugada, entre las 2 y 3 de la mañana.

"Vivíamos en un terreno que era muy largo, al frente vivía mi abuelita, después mi tío y al fondo nosotros. En el patio todos los niños jugábamos, era largo y también servía de cochera.

"Mi tío era quien nos cuidaba, y como tenía pistola, una noche soltó balazos a algo que él creyó era un ladrón… vio una sombra y disparó, pero no, no era nada. Allí se convenció de que yo decía la verdad.

"Siempre era yo la primera en verlo, después los demás. A la entrada de la casa había una toma de agua que todos los días amanecía abierta. Estaba como a unos 4 pasos de donde ese ser que se me aparecía. Esto ocurría sólo durante la noche.

"Todo esto terminó para mí cuando nos cambiamos de casa; yo tendría ya 16 años, cuando murió mi tía abuela, a los 120 años de edad aproximadamente. Después supimos que, efectivamente, habían encontrado dinero en esa casa; esto sucedió porque la casa se vendió y los nuevos dueños construyeron sobre ella, y cuando cavaron, encontraron el oro. Eran doblones de oro del tiempo de la Revolución.

"Mi tía abuela nos había platicado que por allí pasaban los revolucionarios y dejaban enterrado el dinero, que era lo que se acostumbraba en ese tiempo.

"Al 'aparecer' este ser y yo verlo, mi cuerpo se enfriaba, sufría escalofríos. Y cuando empezaba a oscurecer, yo corría a esconderme al interior de la casa, y si tocaban la puerta… no abría.

"Cuando iba a la secundaria, como iba al turno vespertino, aún teniendo llave de la casa, la perdía o la escondía a propósito, pues no quería entrar sola y cruzar el patio tan grande, pues estaba segura de que el señor se me *aparecería*. A veces, al estar tocando la puerta, escuchaba ruidos y arrastre de cadenas, sin embargo, de mi familia sólo mi hermano llegó a oírlos.

"A veces sentía cómo alguien se subía a mi cama… escuchaba su respiración y sentía que se sentaba sobre mí.

"Yo dormía en cama matrimonial con mi hermana, pero ella despertaba sólo cuando yo gritaba.

Mi abuelita me pedía que platicara con él y le preguntara qué es lo que quería, pero nunca lo hice, por miedo".

Esta es otra historia donde el dinero enterrado está destinado para ciertas personas "escogidas". Quizás era para Carmen, pero su niñez no le ayudó a comprender una situación paranormal de otras dimensiones.

Los duendes de Huasca, Hidalgo

¿Que será lo que vieron en Huasca?... Realmente fueron ***Duendes***. En algunas otras partes de México, como por ejemplo el estado de Veracruz, les llaman ***Chaneques***, en el estado de Yucatán ***Aluxes*** o también ***Balames***; y en otras partes del mundo les llaman ***Gnomos, Trolls***, etcétera.

En ***Grupo Editorial Tomo*** encontrarán un libro que lleva por título *Duendes, Gnomos, Hadas, Trolls y otros Seres Mágicos*, en el que se habla de una manera más detallada de todos estos seres elementales.

Pero en fin, volvamos a la historia de Huasca que me interesa comentarles.

Tuve la oportunidad de conocer a un anciano que me platicó que él se encargaba de cuidar uno de los túneles de *La Presa de los Ángeles*.

Este caballero, por razones especiales, tenía que *tapiar* dicho túnel. Resulta que por más que trataba de llevar a cabo su trabajo, no lo podía lograr.

Cada vez que el anciano levantaba su barda, al día siguiente amanecía derribada. Luchó contra esta situación tan extraña en muchas ocasiones sin poder cambiar el resultado.

El anciano me dijo que en una ocasión encontró a estos ***Duendes*** —a los que llama también ***Niños*** (pienso que por su tamaño)—, y tuvo una discusión con estos personajes al darse cuenta de que ***ellos*** eran los que se encargaban de derribar su barda cada vez que la construía o levantaba.

Y como dice el refrán: "más vale un buen arreglo que un mal pleito", así que el anciano les preguntó cómo le podrían hacer para que lo dejaran terminar su trabajo y levantar por fin aquella barda.

Lo que los ***Duendes*** le pidieron fue lo siguiente: "Que les llevara seis bolillos y una lata de atún", cosa que al anciano le pareció poco y bastante extraño, pero independientemente de esto accedió.

Al día siguiente el anciano les entregó a estos ***Duendes*** o ***Niños*** lo convenido.

Por más extraña e increíble que parezca esta situación, estos ***extraños seres*** le permitieron que aquel túnel se *tapiara*. Pero ahí no terminaron las travesuras de los **Duendes**.

En algunos ranchos ubicados a lo largo del estado de Hidalgo (especialmente en Huasca), las ***crines de los caballos*** comenzaron a amanecer con unos trenzados por demás extraños.

Las personas de los diferentes ranchos comenzaron a preguntarse: "¿Quién está haciendo cosas tan raras en el pelaje de la cola de los caballos?", respuesta que, al día de hoy, no ha surgido.

Tomando en consideración lo que pasó en el túnel de *La Presa de los Ángeles*, a la conclusión que llegaron los lugareños es que, quienes están haciendo esas travesuras en las crines de sus caballos, son ***los duendes del túnel de la presa***.

Hoy en día, existen fotografías de los trenzados que les acabo de comentar en un museo que acaba de abrir sus puertas al público en general.

Cuando vayan ustedes a Huasca, en el estado de Hidalgo, busquen a dos personas que saben mucho de la historia aquí narrada: la señora Cristina y su esposo, el señor Horts.

Asimismo, en breve saldrá un libro de ***Grupo Editorial Tomo*** escrito por ellos, en el cual se narran con más detalle varios hechos ¿inexplicables?, acerca de **Duendes** y crines trenzadas.

Es poco lo que se conoce de otras manifestaciones del universo, así que estos seres elementales... ¿serán de ese universo ***DESCONOCIDO***... pero ***REAL***?

Caballeriza donde amanecen los caballos con esos trenzados tan elaborados, ¿hechos por quién?... no hay por el momento una respuesta.

Este es uno de los trenzados
que aparece en los caballos.

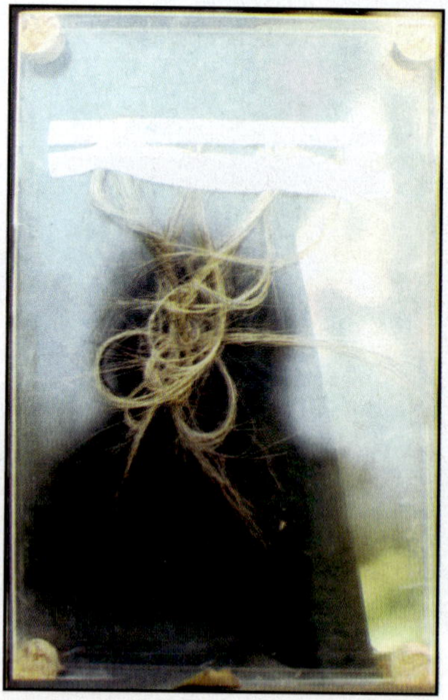

Otro extraño trenzado. ¿Quién
hace esto? Nadie tiene una respuesta.

Dones transgeneracionales

A continuación nos referiremos a una historia que nos fue contada por una amiga de mi esposa, cuyo nombre verdadero es María Eugenia. En la actualidad nuestra amiga tiene un lindo matrimonio y es madre de 3 hermosas niñas.

Este relato involucra el desarrollo de "dones" premonitorios y de videncia. Los aspectos hereditarios de forma de ser, actuar, sentimientos e incluso enfermedades se llegan a heredar, pero nunca nos habíamos encontrado con un caso en que los dones "premonitorios" también se heredaran.

María Eugenia nos relata que desde muy niña tiene ciertas facultades que le permiten "adelantarse" a los hechos, situaciones que se traducen en presentimientos, aspectos de inquietud que le inducen a preocupase, hechos que se "presienten" y que con posterioridad pasan.

María Eugenia nos cuenta: "Hubo un hecho importante en mi vida, y no sé si esto tenga relación con las cosas que presiento y que posteriormente pasan. Cuando tenía unos 6 años, me dolía una muela, probablemente tenía fiebre. Mi mamá me llevó a su cama y me acostó, pero yo esa escena la veía desde arriba, es decir, como si ese pasaje de mi vida lo estuviera viendo desde el techo. Vi cómo abrió el ropero, sacó una cobija, me tapó y salió. Me vi dormida a mí misma.

"Fue una sensación muy rara, pero muy bonita. Me sentía volando, recorrí el cuarto, salí y volé en el área de la sala y el comedor... la puerta estaba abierta. Empecé a salir por el pasillo, pasé la cocina y el baño. Al final del pasillo estaba la puerta hacia la calle. Había una escalera que daba a unos departamentos y al patio, pero había mucha luz y no veía claramente. Cuando iba a salir, mirando hacia las escaleras, era tan fuerte la luz que me asusté y decidí regresar. A toda prisa regresé, pero ya no recuerdo más.

"Hasta ahí llega mi recuerdo, no sé cómo entré después a la casa".

Bueno, amable lector, aquí nuestra entrevistada evidentemente tiene un desdoblamiento —quizás involuntario—, por un estado de afectación física entró a una "Experiencia Extracorporal", o más comúnmente conocida como "viaje astral". Sin embargo, esta habilidad de abandonar su cuerpo no continuó, puesto que nunca más le ha vuelto a suceder.

María Eugenia continúa narrando sus experiencias: "Otro hecho importante fue cuando contaba con 15 años; tenía unas amiguitas de mi edad y todas hablábamos del baile de los 15 años, de los chambelanes, etcétera. Había una que siempre nos platicaba de su fiesta y, cuando se fue, le comenté a otra amiga que presentía que algo iba a sucederle en su fiesta… yo lo intuía. Siempre que esta amiga se nos acercaba, tenía una sensación de 'ansiedad'.

"Los preparativos para la fiesta de mi amiguita se llevaron con tres meses de anticipación. Y por fin llegó el día de la fiesta, a la que acudí con mi papá.

"Al estar con mi otra amiga, yo insistía en que presentía que algo malo iba a pasar, a lo que mi amiga me respondió que ya me callara, pues ya la tenía harta con esa necedad. Yo me retiré de la fiesta, y el lunes que llegué a la secundaria, me platica mi amiguita que, en cuanto salí de la fiesta, ésta se terminó por un incidente: Me dijo que su novio había pasado al baño a lavarse las manos, y allí estaban los chambelanes, se quitó el reloj olvidándolo momentáneamente y, cuando volteó, el reloj ya no estaba. Preguntó por él y acabaron peleándose los novios de mis dos amigas. Fue un pleitazo, al grado que las sillas volaron, y así acabó la fiesta, en un momento.

"En otra ocasión, íbamos a Teziutlán, Puebla, pero desde que salíamos le comenté a mi mamá que yo sentía que algo iba a pasar. Todo el camino estuve demasiado nerviosa. Íbamos muchos en ese viaje, éramos como 30 personas, en distintos vehículos. Nos dirigíamos a la playa, a Casitas, en el estado de Veracruz, un lugar que hasta la fecha se considera virgen. Ahí cazamos cangrejos, hicieron comida, pero le insistía a mamá, durante los 3 ó 4 días que estuvimos ahí, que algo iba a suceder, así que mi mamá me regañó. Yo vigilaba a mi abuelita, y era tal mi nerviosismo, que me hice cargo de una sobrinita y la hija de una amiga, a las que tomé de la mano a la orilla de la playa.

"De repente, estando junto a mi tío ya dentro del agua, la corriente lo empezó a jalar; en cuanto lo vi saqué a las niñas, y todos lo vimos cómo se fue alejando. No había lanchas para poder auxiliarlo. Todos estábamos en la orilla, viendo con impotencia a mi tío, a una gran distancia de nosotros. A alguien se le ocurrió juntar varias cuerdas, se amarró uno y así lograron el rescate. Gracias a Dios que no le pasó nada. A partir del momento en que salió mi tío del agua, se me pasó mi angustia.

"Más recientemente sucedió algo con un tío y un amigo de éste, que viven en la casa que fue de María Conesa —por la Colonia Roma. Hace como dos años estábamos toda la familia en esa casa, festejando el cumpleaños del mismo tío. También iba mi hermana con sus hijos. Estábamos sentados en las sillas que estaban formadas, a mi lado había como 4 sillas vacías y en la siguiente estaba mi esposo con una sobrina. Yo platicaba con un amigo de mi tío y de repente sentí algo incómodo en el oído, como si me estuvieran hablando en secreto, volteé molesta, pues pensé que era mi esposo quien me hablaba en esa forma, lo que me pareció de mala educación, pero no, lo vi que está en el mismo lugar, platicando con un sobrino. Pensé que había sido una broma, pero más tarde le pregunté qué era lo que me quería decir. Pero no, no fue él.

"Ya nerviosa, salí de la casa a la calle y estaban mi sobrina y su novio. A ella le comenté que tenía la sensación de que había olvidado algo, fui al coche pero no sabía qué iba a buscar. Más noche una de mis hermanas me dijo que ya se iba. Tenía que llegar a su hogar en el Fraccionamiento Ojo de Agua, en Tecamac, Estado de México. Como está algo distante de la colonia Roma y era ya noche, además se iba sola con su niña de 10 años, yo le supliqué que se quedara en mi casa, pero ella no aceptó. Finalmente, yo me retiré primero de la fiesta.

"Alrededor de las 3 de la mañana me llamó por teléfono, me pidió tranquilidad, y me dijo que acababan de chocar. Ya para llegar a la caseta un borracho las chocó, pero afortunadamente a ellas no les pasó nada.

"Me dispuse entonces a dormir, pero de repente me levanto gritando ***Diles que no se vayan***, eso fue lo que me dijeron en el susurro que yo había escuchado en la fiesta. Se me aclaró así lo que me habían dicho al oído: ***Diles que no se vayan***.

"Otro aspecto, también de los últimos que me acontecieron, es el relacionado con dos sobrinos de mi esposo, uno vive en Mérida, Yucatán, y otro en la Ciudad de México.

"De repente pienso en ellos pero tengo el presentimiento de que alguno va a chocar. Yo por temor a que me tachen de 'catastrofista' o que les hecho la 'sal' no expreso nada, por no molestar a nadie, pero tengo la idea de que eso va a ocurrir.

"El año pasado, con una diferencia de dos o tres días, chocaron los dos. Uno de ellos sí se lastimó bastante un brazo.

"Otro aspecto curioso que me ocurre con cierta frecuencia, es que cuando dejo de ver a personas por mucho tiempo, incluso por más de 20 años —como por ejemplo, ex compañeros de la escuela—, de repente pienso en ellos y los veo en la calle en un transporte público o me llaman inesperadamente.

"Un domingo sonó el teléfono, y dije: 'Es Mara'. Y sí, efectivamente era Mara, después de mucho tiempo de no saber de ella.

"Otras circunstancias acontecen cuando entro a algún lugar. Siento que hay alguien y, sobre todo, en los baños. Siento que me falta oxígeno para respirar. Esto me ha sucedido, en especial, en la casa que fue de María Conesa.

"En la fábrica de un familiar muy cercano, que está localizada en el Estado de México, he tenido la sensación que hay 'alguien' en la parte de arriba".

La mamá de María Eugenia —que nos acompaña en esta reunión—, nos constata que ella, estando en ese lugar, dice que de repente vio "algo", que pasó demasiado rápido y, al comentarlo, su hija le dijo que no había ningún problema, que ese "alguien" estaba para cuidar la fábrica.

La mamá de María Eugenia nos confiesa al final, que su mamá era vidente y —aquí es lo extraordinario de estos hechos— por tres generaciones los "dones" de la abuela se van a transmitir a la mamá y a la nieta, nuestra amiga María Eugenia, a quien le expresamos nuestra gratitud por habernos contado sus experiencias. No sabemos si alguna de las preciosas hijas de Maru haya heredado esos "dones" transgeneracionales.

Amor entre madre e hijos...

Ni tiempo, distancia u otras dimensiones los separarán

En verdad estoy agradeciendo a unas amistades muy queridas el que me hayan confiado la siguiente experiencia. Es un hecho que jamás se lo habían contado a nadie, ¿la razón?, no lo sé, pero una vez más les digo gracias por esto.

Antes de dar comienzo a la narrativa de la historia de un *ser bueno y puro,* es necesario aclarar que hay personas que hablan del mundo del ***más allá***, que dicen y repiten que se aparecen ***los muertos***, pero definitivamente aquí hay una equivocación de apreciación. Quisiera decirles que ***los muertos*** están en sus tumbas, y allí estarán hasta convertirse en polvo. Lo que nosotros, o las personas dicen ver —*atención*—, son seres vivos, *con la presencia física que tuvo en vida el ya fallecido,* pero al fin y al cabo son seres vivos, con necesidades que en la mayoría de los casos no se conocen.

Aclarada mi posición, daré comienzo a esta experiencia tan interesante. Quien me narró la misma es un pariente cercano de los protagonistas; lo llamaré Jaime, y ésta es su historia:

"Ya hace años que mis primos Chabela y Ramiro eran felices con la presencia de dos lindas mujercitas. Ellos —queridos primos—, acostumbraban ir regularmente a visitar a la familia que vivía en provincia. En uno de esos viajes ocurrió lo que nadie hubiera querido… un espantoso accidente. Por desgracia, en dicho hecho tan lamentable pierde la vida una de las niñitas —que por ese entonces tendría alrededor de 5 años.

"Por razones de distancia, deciden sepultar a la niña fallecida —***Miriam***— en el pueblo que visitaban, y del cual son oriundos. Pasado un tiempo, y viviendo mis primos aquí en el Estado de México, mi prima Chabela le comunica a su marido que siente muy lejos a ***Miriam*** (me imagino que esto es muy comprensible, pues el amor de una madre es tan especial, que es imposible medirlo). Volviendo al tema, mi primo le dijo: 'está bien, haz lo que creas conveniente'. Como en el pueblo vivían mis tíos, mi prima Chabela les pidió que por favor exhumaran los restos de su hijita, que la cremaran y le mandaran sus cenizas.

"Mis tíos, gustosos por poder complacer a su hijo Ramiro y a su nuera Chabela, de inmediato realizaron el papeleo necesario y cumplieron con lo que les estaban solicitando.

"Mi prima quiso tanto a su hija ***Miriam,*** que deseaba tenerla lo más cerca posible, sentir su compañía, y sin pensarlo más, optó por conservar la urnita con las cenizas de su hija querida... ***en la oficina de su negocio***.

"En dicho lugar le adecuó un espacio para siempre estarla viendo, para sentir su compañía y —me imagino— para que mi sobrina ***Miriam*** siempre estuviera al lado de su amorosa mamita.

"Por razones especiales trabajo en la empresa de mi prima, y en las instalaciones del negocio suceden cosas muy extrañas. En ocasiones, cuando hay la necesidad de que se quede uno hasta un poco tarde, se escuchan ruidos, pisadas de pies pequeños, como si alguien pequeñito anduviera corriendo, o bien, escucha uno claramente cómo se caen algunas cosas.

"Es más, al pasar por la bodega escucho que se cae algo y le digo al encargado: '¡Pepe, no tires las cosas! Ten más cuidado', pero resulta que Pepe estaba al otro lado del lugar donde se cayó la mercancía. A Pepe le sucede tan a menudo esto de la niña, que cuando le dije lo de la mercancía que se había caído, volteó y le dijo a la ***niñita***:

—Ya deja de jugar hijita, estoy bien ocupado y no puedo terminar... después jugamos.

"A pesar de todo esto, como que yo todavía no estaba muy convencido de lo que sucedía. Pero un día aconteció lo siguiente:

"Resulta que me tuve que quedar hasta muy noche en la oficina, salí un poco al patio para despabilarme; me sentía cansado y eran como las 4 de la madrugada. Regresé y me senté nuevamente en el sillón de mi oficina y comencé a dormitar, pero desde mi lugar noté que salían los pies de uno de los trabajadores que estaba dormido en el piso de la oficina contigua.

"Entre el estar dormido y despierto, de repente veo la figura de un ser pequeño, como de una niñita... que se acerca a mí... ¡y me comienza a jalar las piernas...!, entonces que despierto —ahora sí del todo— y digo... ¿¡qué paso!? Francamente me asusté, pero al ver que los pies de la otra persona, que suponía estaba dormida, empiezan a moverse, voy y le digo:

—¿Qué pasó? ¿Estás bien?

"Él se incorpora y me dice:

—¡La niña...!

—¿Cuál niña? —le pregunté.

—¡La del choque! —alcanza a decirme antes de despertar bien.

"Ya bien despiertos, ambos nos quedamos viendo muy callados y con la sensación de haber visto y sentido a ***una niña*** con nosotros... ¡a esas horas de la madrugada en la oficina!

"A varios compañeros les da un cierto pendiente esta situación, pero pienso que con toda seguridad se trata de la presencia de ***mi sobrina,*** cuyas cenizas se encuentran en la ***oficina de mi prima... su mamita"***.

Hasta aquí este hecho platicado por Jaime. No obstante, quisiera agregar algo:

*En el lugar que me platica Jaime, seguramente se hace presente un **ser vivo, un angelito**... con la alegría propia de su edad... es la niña **Miriam**. No es otra cosa que un **angelito que cuida a su mamá**, y su mamá sabe perfectamente que su hija la acompaña, porque estamos seguros que ni la muerte ni nada destruye el vínculo de amor de dos seres que se aman... **como es el amor de los padres hacia sus hijos**.*

Índice

Esta obra se terminó de imprimir en
Programas Educativos, S.A. de C.V.
Calzada Chabacano 65- A Col. Asturias
C.P. 06850, Méx. D.F.

Empresa Certificada por el Instituto Mexicano
De Normalización y Certificación A.C., bajo las
Normas ISO-9002: 1994/NMX-CC-004: 1995
con el núm. de registro RSC-048 e
ISO-14001-1996/NMX-SAA-001: 1998 IMNC
Con el núm. de Registro RSAA-003